La Batalla de Verdún

Una guía fascinante de la batalla más larga y extensa de la Primera Guerra Mundial que tuvo lugar en el frente occidental entre Alemania y Francia

© Copyright 2019

Todos los derechos reservados. Ninguna parte de este libro puede ser reproducida de ninguna forma sin el permiso escrito del autor. Los reseñantes pueden citar pasajes breves en los comentarios.

Cláusula de exención de responsabilidad: Ninguna parte de esta publicación puede reproducirse o transmitirse de ninguna forma ni por ningún medio, mecánico o electrónico, incluidas fotocopias o grabaciones, ni por ningún sistema de almacenamiento y recuperación de información, ni transmitirse por correo electrónico sin la autorización escrita del editor.

Si bien se han realizado todos los intentos para verificar la información provista en esta publicación, ni el autor ni el editor asumen ninguna responsabilidad por los errores, omisiones o interpretaciones contrarias del contenido aquí presente.

Este libro es solo para fines de entretenimiento. Las opiniones expresadas son solo del autor y no deben tomarse como instrucciones u órdenes de expertos. El lector es responsable de sus propias acciones.

El cumplimiento de todas las leyes y normativas aplicables, incluidas las leyes internacionales, federales, estatales y locales que rigen las licencias profesionales, las prácticas comerciales, la publicidad y todos los demás aspectos de realizar negocios en los EE. UU., Canadá, el Reino Unido o cualquier otra jurisdicción es de exclusiva responsabilidad del comprador o lector

Ni el autor ni el editor asumen ninguna responsabilidad u obligación alguna en nombre del comprador o lector de estos materiales. Cualquier desaire percibido de cualquier individuo u organización es puramente involuntario.

Índice

INTRODUCCIÓN 1
CAPÍTULO UNO - EL CAMINO A VERDÚN 5
CAPÍTULO DOS - LA CIUDADELA DE VERDÚN 10
CAPÍTULO TRES - EL SIGNIFICADO DE VERDÚN 13
CAPÍTULO CUATRO - LA PRIMERA FASE DE LA BATALLA DE VERDÚN..17
CAPÍTULO CINCO - LA BATALLA DE VERDÚN SE ATASCA EN LAS TRINCHERAS..27
CAPÍTULO SEIS - UN VERANO EN EL INFIERNO 32
CONCLUSIÓN 37
RECORDANDO A LOS CAÍDOS 39
CRONOLOGÍA DE LA BATALLA DE VERDÚN 41
COMANDANTES ALEMANES Y ALIADOS EN LA BATALLA DE VERDÚN..45
CRONOLOGÍA DE EVENTOS SIGNIFICATIVOS EN LA PRIMERA GUERRA MUNDIAL..48
REFERENCIAS..52

Introducción

Hoy en día, el paisaje está marcado por cráteres causados por bombas, fortines y trincheras vacías. La madre naturaleza ha tratado de recuperar el terreno; los árboles han vuelto a crecer y el suelo está cubierto por una exuberante hierba verde, pero a pesar de sus mejores esfuerzos, las cicatrices en el paisaje aún permanecen, un recordatorio constante de la devastación y la miseria que se vivieron aquí hace más de un siglo. Y así debería ser, porque el mundo nunca debería olvidar lo que sucedió en este pequeño rincón de Francia. Las cicatrices de batalla en el paisaje de Verdún son un testimonio de los horrores de una guerra que perdurará en la memoria colectiva de una nación para siempre, pero también son un recordatorio a los valientes hombres que lucharon y murieron en los campos fangosos defendiendo a su país y a sus compatriotas de un invasor extranjero.

Pero Verdún no era solo una batalla; fue un momento crucial en la historia francesa. Todos los países que lucharon en la Primera Guerra Mundial experimentaron una batalla o evento definitorio que cambió el curso de su historia o la forma en que se vieron a sí mismos como un país. Para el Imperio otomano y los Anzacs (cuerpo de Australia y Nueva Zelanda), fue Gallipoli; para los británicos, la batalla del Somme; para Rusia, llegó en la forma de la Revolución de Octubre; y para Francia, fue Verdún. Esta es la batalla que define la Primera Guerra Mundial para Francia, pero no se puede ver de forma aislada. Es parte de una historia mucho mayor, influenciada por los muchos eventos y batallas que tuvieron lugar durante este sangriento momento en la historia de Europa.

El año 1916 fue decisivo en la Primera Guerra Mundial. Fue entonces cuando los Aliados se dieron cuenta de que, sin la ayuda de los Estados Unidos, sus posibilidades de ganar, debido a sus recursos y tácticas, eran limitadas. Fue el último año en que Rusia jugaría un papel significativo en la batalla por el dominio sobre Europa y sería considerada una poderosa fuerza militar en la Primera Guerra Mundial. Y finalmente, fue el año en que las esperanzas alemanas de una victoria total finalmente se desvanecieron, y tuvieron que aceptar que el Plan Schlieffen había fracasado[1]. Debido a estos factores, la guerra estaba prácticamente paralizada. En su desesperación por progresar y acabar con el estancamiento, los alemanes se embarcarían en una campaña contra los franceses que tendría consecuencias devastadoras y de gran alcance para ambas partes.

Combatida en las colinas al norte de Verdún-sur-Mosa de febrero a diciembre de 1916, Verdún se convirtió en el epicentro de lo que ahora se considera la ofensiva más costosa y mortal de la Primera Guerra Mundial y, con el tiempo, simboliza el horror de la guerra. Ninguna batalla en la historia de la guerra moderna ha durado tanto y ha causado tanto sufrimiento y miseria como la Batalla de Verdún. Durante 303 días, las colinas, los bosques y los valles de este pintoresco rincón de Francia sonaron y se sacudieron con el aterrador sonido del fuego de artillería y se convirtieron lentamente en un atolladero infernal de sangre, lodo y miseria. "Lodo, calor, sed, suciedad, ratas, el sudor de los cadáveres" es como lo describió un testigo ocular.

Este hermoso paisaje de colinas ondulantes y frondosos bosques se convirtió en un infierno en la tierra para los hombres que lucharon y murieron allí. Los soldados se vieron obligados a vivir en trincheras junto a los cuerpos en descomposición de sus compañeros caídos que se pudrían en aguas estancadas. Estaban constantemente rodeados por el apestoso olor a muerte. Un olor a muerte siempre presente impregnaba todo: uniformes, cabello e incluso la misma piel de los soldados. Se aferró a sus cuerpos, incluso cuando abandonaron el frente, y pronto se conoció como el hedor de Verdún. Los soldados que cavaban trincheras en las líneas del frente incluso recurrieron a rellenar con dientes de ajo sus fosas nasales en un intento por hacer que el olor fuera más soportable. Si algún lugar se acercaba a ser el infierno en la tierra, tenía que ser Verdún. Un soldado alemán escribió a sus padres que Verdún era una palabra horrible, un lugar donde "numerosas personas, todavía jóvenes y llenas de esperanza, tenían que dar su vida" y donde sus restos mortales se descompusieron entre trincheras y en fosas comunes.[2]

No solo los soldados vivían en condiciones espantosas, sino que los constantes bombardeos y el fuego implacable del enemigo eran suficientes para volver locos a los hombres endurecidos por la batalla. Un capitán francés describió el frente en uno de sus informes: "Regresé de la prueba más terrible que he presenciado... los dos últimos días en lodo helado, mantenido bajo un fuego implacable, sin ningún tipo de protección, excepto por la estrecha trinchera. Llegué con 175 hombres, regresé con 34 de los cuales varios se habían vuelto locos..."[3]

Verdún pronto se convirtió en algo más que un punto fuerte para ser defendido a toda costa por los franceses, y la batalla prácticamente cobró vida demoníaca. Los alemanes perdieron de vista la importancia estratégica de la ciudadela, y para ambos lados, se convirtió en una cuestión de orgullo y honor nacional ser el vencedor en Verdún.

[1.] El Plan Schlieffen fue elaborado a principios del siglo XX por Alfred Graf von Schlieffen, jefe del Gran Estado Mayor de Alemania de 1891 a 1905. El plan fue desarrollado para enfrentar con rapidez y eficacia una guerra de dos frentes. El éxito del Plan Schlieffen requería una rápida resolución militar en el Frente Occidental para que Alemania pudiera prestar toda su atención a

Rusia antes de que la poderosa máquina de guerra rusa tuviera tiempo de movilizarse por completo; esto se basaba en la creencia de que los rusos tardarían al menos seis semanas en estar en posición de atacar a Alemania. Esto significaba que, en caso de una guerra de dos frentes, Alemania inicialmente solo tendría que colocar un número nominal de tropas en el Frente Oriental y luego podría usar la mayor parte de su ejército y suministros para lanzar un ataque rápido a través de Bélgica en el Oeste. A principios del siglo XX, Francia había fortalecido sólidamente su frontera con Alemania, y los alemanes sabían que un ataque directo llevaría meses. Por lo tanto, Schlieffen abogó por evitar estas fortificaciones e invadir Francia a través de una marcha rápida a través de la Bélgica neutral. Schlieffen confiaba tanto en la fuerza de su plan que calculó que tardaría solo 42 días en completarse, y cuando Alemania enfrentó una guerra en dos frentes, pusieron en marcha el Plan Schlieffen.

[2] www.wereldoorlog1418.nl

[3] www.wereldoorlog1418.nl

Capítulo Uno - El Camino a Verdún

A finales de 1915, los Poderes Aliados (Gran Bretaña, Francia, Rusia, Italia y Estados Unidos) y los Poderes Centrales (Alemania, Austria-Hungría, el Imperio otomano y Bulgaria) habían alcanzado un punto muerto virtual en los campos de batalla de Europa. La guerra no había ido de la manera que ninguno de los dos había predicho. El frente occidental se había atascado en las fangosas trincheras de Europa, un sello de la guerra, y el estancamiento resultante se extendía a lo largo de un frente estático desde el Canal de la Mancha hasta Suiza. Los alemanes habían fallado en la Primera Batalla de Marne en agosto de 1914 para lanzar el golpe de martillo que habría terminado la guerra en el Frente Occidental, por lo que ambos bandos recurrieron a una guerra de desgaste, tratando de agotarse mutuamente y reducir la eficacia del enemigo a través de ataques sostenidos y prolongados. Esta fue una guerra como la que el mundo nunca había experimentado antes, en parte debido a la magnitud del conflicto, pero también debido a los cambios en la tecnología militar y las armas. A comienzos del siglo XX, la tecnología había cambiado dramáticamente la naturaleza de la guerra, pero los comandantes militares de las Potencias Aliadas y Centrales aún tenían que comprender las verdaderas implicaciones de estos avances en el campo de batalla y en la estrategia militar.

Cuando estalló la guerra, ambas partes esperaban que fuera rápida y brutal, y cada una había creído que sus tácticas superiores y su conocimiento de la guerra garantizarían su victoria definitiva. Los alemanes confiaban en que, si se apegaban al Plan Schlieffen, vencerían rápidamente a los franceses y aún tendrían tiempo para preparar su ataque en el Frente Oriental antes de que Rusia pudiera movilizar su poderosa, pero pesada maquinaria de guerra. Ninguno de los bandos había anticipado una larga y prolongada guerra de trincheras, principalmente debido al hecho de que este era un concepto extraño en ese momento, y es imposible prepararse para algo que uno no puede anticipar o nunca ha considerado como una posibilidad.

Las trincheras[1], como parte de un plan de batalla, no eran nuevas en 1914. La táctica de utilizar atrincheramientos como cobertura del fuego enemigo y tomar posiciones desde las cuales proporcionar fuego de cobertura para la siguiente fase de un ataque había sido vista en los campos de batalla antes de la Primera Guerra Mundial. Al comienzo de la guerra, los generales de ambos lados habrían esperado utilizar los atrincheramientos para ganar terreno y hacer retroceder al enemigo a través de sus propias líneas de batalla. Pero estas grandes mentes militares estaban un poco fuera de sintonía con la realidad de cuánto la tecnología había cambiado la guerra moderna. Nunca anticiparon que sus ejércitos permanecerían acurrucados en las trincheras y que esto se convertiría en la característica definitoria del conflicto.

Los líderes militares habían asumido que los ataques de artillería serían capaces de destruir las trincheras, o al menos inmovilizar a las tropas el tiempo suficiente para permitir un ataque de infantería o caballería. Esto, sin embargo, no fue el caso, y en el Frente Occidental, las batallas se ganaron y se perdieron en las trincheras. Pero cada victoria tuvo un alto costo, y la línea de frente entre Alemania y Francia pronto se convirtió en un punto muerto, con ambos bandos sufriendo grandes bajas, pero ganando poca ventaja. A medida que los alemanes se atascaron en esta sangrienta guerra de desgaste y perdieron la ventaja de poder desatar todo el poder de su ejército en el Frente Oriental, se vieron obligados a la única situación que habían esperado evitar: Una guerra larga y prolongada en dos frentes.

En los últimos meses de 1915, después de casi 18 meses de lucha, Alemania había sufrido 750.000 bajas en su intento de neutralizar a Francia. A los aliados de Alemania, los austrohúngaros, no les iba mucho mejor. Prácticamente desde el inicio de la guerra, Austria-Hungría se había convertido, en gran medida, en un satélite militar de Alemania, que era el socio más dominante en la alianza. Para 1916, el ejército austrohúngaro estaba luchando contra la escasez de suministros, una alta tasa de bajas y reducción moral. Confiaban casi totalmente en el apoyo alemán y estaban cada vez más subordinados a los generales alemanes y su plan de guerra final. Los franceses, en su desesperación por hacer retroceder a Alemania y rechazar a los invasores de su territorio, habían sacrificado a 300.000 hombres por su causa y otros 600.000 habían sido heridos, capturados o estaban desaparecidos. Los aliados de Francia tampoco estaban progresando mucho: la poderosa armada británica no había logrado arrebatar a los Dardanelos del Imperio otomano, y la Campaña de Gallipoli había terminado en derrota para los Aliados. La enorme máquina de guerra rusa había pasado de una derrota a otra sin grandes éxitos, y para 1916, se estaba frenando lentamente a medida que crecía la insatisfacción entre la población rusa y el propio imperio se tambaleaba al borde de la revolución. Las tropas que habían entrado a la guerra tan voluntariamente en 1914, pensando que todo terminaría en Navidad, pueden haberse desilusionado por lo que experimentaron, pero ahora también estaban endurecidos por la batalla y todavía tenían la voluntad de seguir luchando. La resolución civil en ese momento también igualó la moral militar, y ninguna de las partes estaba lista para admitir la derrota o negociar una paz de "estancamiento".

Así era como estaban las cosas en Europa a finales de 1915, pero todo estaba a punto de cambiar, ya que ambas partes estaban decididas a romper el punto muerto y comenzaron a planificar cuidadosamente la siguiente fase de su ataque. Estos planes culminarían en dos de las batallas más sangrientas y mortíferas jamás peleadas en territorio francés, y en última instancia, simbolizarían la muerte y destrucción innecesarias de la Primera Guerra Mundial. Para 1916, el escenario estaba listo para la Batalla de Verdún y la Batalla del Somme, dos batallas que están inextricablemente entrelazadas en la historia.

El 2 de diciembre de 1915, Joseph Joffre, vencedor de la Primera Batalla de Marne, se convirtió en el comandante supremo del ejército francés. Esto lo convirtió en el comandante aliado más poderoso de la guerra en ese momento. Cuatro días después de ser nombrado para este puesto, Joffre celebró una reunión histórica de los comandantes aliados en su sede en Chantilly. Fue en esta reunión que se pusieron en marcha los planes para una ofensiva coordinada de los aliados. La ofensiva, planeada para el verano de 1916, cuando por primera vez los Aliados tendrían una gran cantidad de hombres, artillería pesada, armas y municiones, iba a ser un "gran impulso" franco-británico diseñado para hacer que la guerra avanzara nuevamente y con suerte empujar a los alemanes de vuelta a su propia frontera.

El sitio elegido para esta ofensiva histórica fue el área a orillas del río Somme. El ataque iba a ser coordinado y dirigido por los franceses. Implicaría cuarenta divisiones francesas y veinticinco británicas. Joffre no eligió el punto más estratégico desde el cual lanzar el ataque, sino un punto en las líneas aliadas donde se reunían los ejércitos francés y británico. Y así, la batalla del Somme fue concebida. Pero al mismo tiempo, los alemanes, bajo el mando del general Erich von Falkenhayn, el jefe del Estado Mayor alemán, estaban haciendo sus propios planes. Desafortunadamente para los aliados, y más específicamente para los franceses, los alemanes los golpearon y lanzaron su ataque primero. El objetivo alemán, sin embargo, no era el Somme sino Verdún.

[1.] Las trincheras estaban destinadas a ser simples refugios temporales diseñados para llenarse de hombres que luchan hombro con hombro. A medida que avanzaba la Primera Guerra Mundial y los hombres comenzaron a pasar más tiempo viviendo realmente en las trincheras, la arquitectura de las trincheras se hizo más significativa y detallada. En poco tiempo, un laberinto de trincheras complejas de comunicaciones y suministros corrió hasta las líneas del frente y se conectó a las trincheras de batalla mientras ambos lados formaban un elaborado sistema de zigzagueantes corredores de la línea frontal, túneles subterráneos, cruces, huecos de tiro y refugios.

Una trinchera bien diseñada tenía una profundidad de al menos 2,5 metros (8 pies) para que los hombres pudieran caminar erguidos y aún estar protegidos del fuego enemigo. La tierra amontonada en la parte superior de la trinchera frente al enemigo se llamaba parapeto y tenía un paso de fuego, donde las tropas podían pararse para ver fuera de las trincheras y disparar al enemigo. El borde posterior de la trinchera se llamaba parados y protegía las espaldas de los soldados de los proyectiles que caían detrás de ellos. El piso de la trinchera estaba generalmente cubierto por tablones de madera, y en diseños posteriores, el piso estaba levantado sobre un marco de madera para permitir el drenaje. Las trincheras estaban aún más protegidas del asalto con alambre de púas, minas, redes, pozos camuflados y otros obstáculos. Los refugios fueron construidos para ser a prueba de proyectiles y para resistir tanto el bombardeo de artillería como los ataques de infantería.

Capítulo Dos - La Ciudadela de Verdún

Verdún, llamado Virodunum en la época romana (dunum, que significa fortaleza), es la ciudad más grande del distrito de la Mosa de Francia. Situada en un importante punto de cruce del río Mosa, Verdún ha desempeñado un papel crucial en la defensa de Francia a lo largo de los siglos. Siempre ha sido codiciado por su posición estratégica en la frontera de Bélgica, Alemania y Luxemburgo. La historia de Verdún como un campamento fortificado se remonta a la antigüedad, e incluso Atila el Huno reconoció su importancia y creyó que valía la pena quemarla hasta los cimientos.

Desde el siglo XIV hasta el siglo XVI, Verdún era una ciudad imperial libre en el Sacro Imperio romano, lo que significaba que la ciudad era autónoma y gozaba de cierta autonomía. En el siglo XVII, el mariscal Vauban construyó la famosa ciudadela de la ciudad y convirtió a Verdún en la fortaleza más poderosa que protege a Francia. Se mantuvo como una importante ciudad de guarnición francesa hasta el siglo XVIII. Después de la guerra franco-prusiana de 1870, los franceses reforzaron su cadena de defensas a lo largo de la frontera con Alemania, y Verdún se convirtió en la fortaleza más al norte de esta cadena. Alemania se anexó a Alsacia y parte de Lorena en 1871, y esto colocó a Verdún a solo 45 km (28 millas) de la frontera con Alemania. Inmediatamente se construyeron diez fortalezas defensivas alrededor de la ciudad para proteger la frontera francesa de una posible invasión alemana. Entre 1880 y 1914, los franceses construyeron otras 43 fortalezas y baluartes centradas alrededor de la ciudadela de Verdún, incluidas Douaumont y Vaux. Las fortificaciones alrededor de Verdún protegieron el flanco izquierdo de la barrera de la Mosa, y se construyeron 4 km (2,5 millas) de galerías subterráneas y túneles entre 1886 y 1893, y se agregaron otros 7 km (4,3 millas) durante la Primera Guerra Mundial. Para cuando se completaron las fortificaciones, Verdún tenía un total de 19 fortalezas principales, armadas con cañones de 75 mm y ametralladoras, y el paisaje estaba salpicado de fortines, refugios circulares de hormigón o acero que albergaban ametralladoras pesadas. Contaba con 47 puestos de observación blindados, y la guarnición contaba con 65.000 soldados.

A diferencia del campo abierto alrededor de Flandes, una región en el norte de Francia y Bélgica donde se libraron varias batallas durante la Primera Guerra Mundial y el Somme, Verdún estaba rodeado de colinas y cordilleras empinadas que proporcionaban fuertes líneas naturales de defensa. Las colinas clave fueron fortificadas con tres anillos concéntricos de poderosas fortalezas subterráneas y bodegas a prueba de proyectiles que podrían albergar a un batallón de infantería. La infraestructura construida debajo de la ciudadela incluía alojamiento para 2.000 soldados, una estación de comunicaciones, una red de suministro de agua y municiones y almacenes de pólvora. Cada fuerte estaba ubicado de modo que sus armas pudieran disparar a la infantería enemiga si capturaban el siguiente fuerte en la línea.

Las fortalezas se construyeron con hormigón de ocho pies de espesor que podía soportar los obuses de asedio alemanes de 420 mm que comúnmente se apodaban "Big Berthas". Las fortalezas más estratégicas, como Douaumont, estaban equipadas con artillería pesada y torretas para ametralladoras. Los blocaos periféricos unidos por túneles subterráneos implicaban que en Verdún los franceses podían repeler un ataque desde cualquier dirección. Verdún realmente merecía su reputación como la fortaleza más poderosa de Europa y posiblemente del mundo. En 1914, Verdún proporcionó un baluarte fundamental para los franceses, y sin él, Joffre podría no haber podido contener a los alemanes en Marne y salvar a París. Cuando los combates estallaron en 1914, Verdún proyectó una sombra imponente sobre el paisaje circundante y representó una amenaza importante para los posibles invasores.

La Batalla de Verdún fue la batalla más larga en la Primera Guerra Mundial, pero no fue la primera vez que esta ciudad vio batalla en la guerra. En septiembre de 1914, los alemanes intentaron rodear a Verdún y expulsarlo de Francia, y casi lo consiguieron. Si bien los franceses pudieron repeler ese ataque, la integridad defensiva de Verdún se vio comprometida. Las dos líneas ferroviarias principales hacia Verdún fueron destruidas por los alemanes, dejando a la ciudad con solo dos rutas de suministro, una sola vía y una vía de ferrocarril de vía estrecha desde Bar-le-Duc en el oeste. El fuerte periférico de Troydon fue destruido, y el fuerte en Camp des Romains fue capturado. Los alemanes también lograron capturar la cordillera estratégicamente útil en Les Éparges, a 24 km (15 millas) al sureste de Verdún. Pero la ocupación alemana de este punto álgido duró poco, y el 17 de febrero de 1915, un contraataque francés recuperó la cordillera de Les Éparges. En marzo de 1915, el combate de infantería en la región se había detenido en gran medida, y Verdún se convirtió en uno de los sectores más tranquilos del Frente Occidental. Esto llevó a una creciente complacencia entre las tropas francesas guarnecidas en el área y también significó que muchas de las armas de la fortaleza fueron retiradas para ser utilizadas en otros lugares.

Capítulo Tres - El significado de Verdún

Para cuando los aliados y los alemanes se enfrentaron en Verdún, la guerra había estado de a poco trabajando intensamente casi dos años sin un final a la vista, y ambas partes estaban desesperadas por un avance. Los generales aliados y alemanes estaban buscando sitios adecuados para atacar que cambiarían el curso de la guerra. Había muchos sitios a lo largo de la línea del frente francés en los que los alemanes podrían haber apuntado al azar, que eran objetivos claramente más fáciles de atacar, así que ¿por qué el Jefe de Estado Mayor alemán Erick von Falkenhaynn eligió la ciudadela fuertemente fortificada? Para responder a esta pregunta, uno tiene que mirar la importancia del sitio en lugar de la ubicación geográfica real.

Von Falkenhayn creía que la guerra se ganaría o perdería en Francia, y también opinaba que una guerra de desgaste era la mejor esperanza de victoria para Alemania. En diciembre de 1915, von Falkenhayn envió un extenso mensaje a Kaiser Wilhelm II, emperador alemán y rey de Prusia, y jefe nominal de las Fuerzas Armadas alemanas, en el cual presentó su plan y argumentó que la única forma de lograr la victoria total sobre los aliados era paralizar al ejército francés. Expresó su opinión de que, si bien Gran Bretaña era la más formidable de las Potencias Aliadas, no podía ser atacada directamente, y su posición en el Somme no se prestaba a una ofensiva frontal a gran escala.

En opinión de von Falkenhayn, la única manera de derrotar a los británicos era derrotar a sus aliados. Según Falkenhayn, Rusia y el frente oriental ya no representaban la mayor amenaza, y estaba claro que el frente italiano no iba a desempeñar un papel importante en el resultado de la guerra, por lo que dejó a Francia como el objetivo más importante. Creía que la mejor oportunidad de una victoria decisiva de Alemania vendría a principios de 1916, y tenía la intención de usar el poder del ejército alemán para aplastar a la 96° División francesa antes de que fueran reforzados por el despliegue completo de las fuerzas británicas. Von Falkenhayn se dio cuenta de que si podía neutralizar a los franceses sería casi imposible que los británicos siguieran luchando en el frente occidental sin el apoyo de su principal aliado. Cuando von Falkenhayn concibió su plan de batalla, eligió a Verdún con cuidado y consideración porque no solo tenía la intención de derrotar a los franceses, sino también de aplastarlos física y mentalmente. Él eligió a Verdún para hacer una sentencia.

Falkenhayn creía que la clave para derrotar a Francia no estaba en romper sus líneas sino en atacar a un objetivo que los franceses se sentirían obligados a defender hasta el amargo final, un lugar donde la necesidad estratégica y el orgullo nacional se unieron. La legendaria ciudadela en el río Mosa le ofreció a Von Falkenhayn exactamente lo que estaba buscando, un lugar de importancia histórica en las defensas francesas. Para que su plan tuviera éxito, von Falkenhayn necesitaba atraer al ejército francés a la defensa de una posición indefendible que, por razones físicas y psicológicas, defenderían hasta el final, y Verdún, encaramado precariamente en la punta de un largo saliente, era el lugar perfecto.

Perder Verdún no solo habría puesto a los franceses en una desventaja estratégica; también habría sido un gran golpe psicológico y moral. Sobre la base de su conocimiento de la historia de Francia, Falkenhayn creyó que, si amenazaba a Verdún con una fuerza relativamente modesta de nueve divisiones, atraería el peso principal del ejército francés a la zona, y entonces él podría usar su artillería pesada para molerlos en pedazos desde tres lados. El plan de batalla de von Falkenhayn era relativamente simple y pidió a los alemanes que tomaran posiciones elevadas y luego usaran más de 1.200 piezas de artillería en una serie continua de avances limitados para atraer las reservas francesas a la moledora artillería alemana y eliminarlas lentamente, mientras que minimizaba la exposición de la infantería alemana a la batalla y limitaba sus bajas. El objetivo final de von Falkenhayn era desangrar a Francia en su intento de defender el símbolo de Verdún. El príncipe heredero Guillermo II, el hijo mayor de Kaiser Wilhelm y la emperatriz Augusta, y el último príncipe heredero del Imperio alemán, fue elegido para liderar el ejército alemán en la batalla de Verdún.

Cuando von Falkenhayn seleccionó a Verdún como su objetivo principal, lo más probable es que supiera que la ciudad no estaba tan fuertemente fortificada como antes. Su inteligencia le habría informado que, en febrero de 1916, a pesar de su reputación, las defensas de la fortaleza ya no eran lo que habían sido al estallar la guerra. Joffre había evacuado a las guarniciones de infantería de los fuertes que rodeaban Verdún y había retirado muchas de las armas. Las tropas que se habían quedado, pensando que Verdún era inaccesible y no era un blanco probable para un ataque después de haber repelido a los alemanes a principios de 1915, se habían convertido en una falsa sensación de seguridad. Las trincheras que rodeaban Verdún no estaban tan bien construidas y solo estaban tripuladas por 34 batallones. El príncipe heredero, por otro lado, tenía 72 batallones de tropas de élite esperando para atacar a Verdún. También tenía más de 800 cañones, incluyendo 26 cañones de largo alcance.

Pero incluso los planes mejor trazados tienen sus deficiencias, y uno no puede planear para cada eventualidad. Mientras los alemanes se preparaban para su ataque a Verdún en enero de 1916, los franceses estaban tan centrados en sus planes para una ofensiva en el Somme que casi no vieron lo que estaba sucediendo. Afortunadamente, un oficial de inteligencia francés descubrió la acumulación de tropas alemanas en la orilla derecha del Mosa el 11 de febrero de 1916. Este descubrimiento obligó a los franceses a desviar a algunas de sus tropas de la planificación de su ofensiva en el Somme hacia una posición defensiva en Verdún.

Durante los siguientes diez días, los oficiales franceses organizaron una cadena de suministro motorizada en una escala sin precedentes y usaron más de 3.000 camiones para mover materiales, suministros, miles de tropas y docenas de armas a Verdún para defenderse contra el ataque alemán que ahora se anticipaba. Afortunadamente para los franceses, la madre naturaleza también parecía estar de su lado, y el ataque alemán se retrasó nueve días debido a las malas condiciones climáticas. Esta demora permitió a los franceses fortalecer sus posiciones preparadas apresuradamente, y las defensas en Verdún fueron apuntaladas en el último momento.

El bombardeo de Verdún comenzó al amanecer el 21 de febrero de 1916, marcando el comienzo de una batalla que duró 303 días y convirtió el campo circundante en un infierno en la tierra.

Capítulo Cuatro - La primera fase de la batalla de Verdún

"Cuando escucha el silbido en la distancia, todo su cuerpo se retuerce de manera preventiva para prepararse para las enormes explosiones... Incluso los nervios de acero más duro no son capaces de lidiar con este tipo de presión. El momento llega cuando la sangre corre a su cabeza, la fiebre arde dentro de su cuerpo y los nervios, adormecidos por el cansancio, ya no pueden reaccionar a nada". - Paul Dubrulle, un soldado francés de treinta y cuatro años que describe los horrores del bombardeo de Verdún.[1.]

La batalla de Verdún (con nombre en código Gericht, o Juicio de los alemanes) comenzó al amanecer del 21 de febrero de 1916, cuando los cañones alemanes de 380 mm abrieron fuego con un intenso y sin precedente bombardeo de artillería de diez horas. Incluso en el frente occidental saturado de proyectiles, nunca antes se había experimentado un bombardeo de esta magnitud. Los objetivos de los proyectiles que caían detrás de las líneas francesas eran los puentes sobre el Mosa, el Palacio Episcopal de Verdún y la estación de trenes de la ciudad. Cientos de piezas de artillería y morteros alemanes también desataron su aterradora potencia de fuego en las trincheras. El impacto de los proyectiles en las líneas francesas fue devastador, y en algunos lugares, las trincheras francesas construidas de forma apresurada y relativamente mal se destruyeron bajo la barrera de fuego, e innumerables soldados fueron enterrados vivos cuando las paredes de tierra se derrumbaron hacia adentro. Los cuerpos de los soldados fueron destrozados por metralla o en pedazos por explosivos, y sus restos irreconocibles se dispersaron por todo el paisaje.

El continuo trueno de la barrera pudo escucharse a 240 km (149 millas) de distancia, y el paisaje de bosques y colinas que alguna vez fue familiar y que rodeaba la pintoresca ciudad de Verdún fue reconstituido por la fuerza de las explosiones que arrasaron la tierra. Incluso para los soldados franceses más aguerridos en la batalla, la experiencia fue abrumadora, y la supervivencia se convirtió en el único objetivo del día, ya que se agacharon en trincheras, agujeros producidos por bombas y refugios, con la esperanza de sobrevivir al siguiente ataque y esperando que cayese la oscuridad y que terminara el día de pesadilla. Durante el terrorífico bombardeo, las divisiones 56° y 59° del ejército francés perdieron aproximadamente el 60% de sus hombres.

A las 4:45 pm, después de un incansable bombardeo que duró más de nueve horas, la artillería alemana se calló, y los primeros soldados del 5° Ejército alemán, bajo el mando del príncipe heredero, abandonaron la seguridad de sus trincheras y avanzaron hacia la primera línea francesa. Este ataque de sondeo por parte de pequeños grupos de tropas alemanas, armado con granadas y lanzallamas y apoyado por el fuego de cobertura de ametralladoras, estaba destinado a probar la fuerza de las defensas francesas restantes, y algunas posiciones sucumbieron sin luchar. Pero para sorpresa de los alemanes, cuando el bombardeo finalmente se detuvo, los aturdidos supervivientes franceses en muchas de las trincheras no solo se retiraron a la seguridad, sino que hicieron todo lo posible por mantener la línea. Estos pequeños focos de resistencia fueron los primeros indicios de la longitud a la que los franceses estaban preparados para sostener Verdún.

En la tarde del 21 de febrero, mientras las tropas francesas se enfrentaban a la 21° División de la 42° Brigada alemana, muy organizada, lo hicieron con una valentía y una tenacidad tan asombrosas que los alemanes no avanzaron tan rápidamente como habían previsto. Fueron forzados a luchar por cada centímetro de terreno mientras pequeños grupos de soldados franceses luchaban valientemente hasta que fueron asesinados, heridos de gravedad o se quedaron sin municiones. Una de las unidades francesas que sufrió la peor parte de este brutal ataque de artillería en el primer día de la Batalla de Verdún fue el chasseurs de Driant (infantería ligera).

Al estallar la Primera Guerra Mundial, Emile Driant, un oficial retirado del ejército francés fue llamado al ejército como capitán. Fue ascendido rápidamente al rango de teniente coronel y se le dio el mando de 1.200 hombres del Batallón de Reserva Chasseur 56 y 59. En 1915, sabiendo que Verdún podía ser blanco de los alemanes, Driant criticó a Joffre por retirar armas de artillería y tropas de la línea defensiva alrededor de la famosa ciudadela de Francia. A pesar de las terribles advertencias de Driant, no se devolvieron armas ni tropas a estas posiciones cruciales. Al final, se comprobó que Driant tenía razón, pero esto habría sido un frío consuelo para él y sus hombres cuando se vieron atrapados en la devastación del primer día de bombardeos en Verdún.

Durante este aterrador asalto, Driant y sus hombres lucharon valientemente para mantener una gran parte del Bois des Caures (Bosque Des Caures) durante el mayor tiempo posible para ganar al alto mando francés el tiempo necesario para llevar más tropas al sector amenazado y para que los hombres en los fuertes prepararan una defensa más efectiva. Pero su valiente esfuerzo tuvo un precio enorme. Los perseguidores mantuvieron la línea durante casi dos días antes de que fueran superados y desarmados, y su posición finalmente se volvió insostenible. Driant ordenó a los sobrevivientes que realizaran un retiro de lucha. Cuando los hombres se retiraron, abriéndose camino a través del paisaje lleno de cicatrices de troncos de árboles destrozados y agujeros profundos causados por bombas,

Driant se detuvo para dar un vendaje de campaña a un soldado herido y recibió un disparo en la cabeza que provocó su muerte. De sus 1.200 hombres, solo un puñado de oficiales y aproximadamente 500 combatientes, muchos de ellos gravemente heridos, lograron regresar a la seguridad de las líneas francesas. Varios de otros batallones y regimientos a lo largo de la línea francesa lucharon igual de duro que los perseguidores de Driant y se aseguraron de que los alemanes hicieran poco progreso en el primer día.

El devastado paisaje con sus trincheras colapsadas, profundos hoyos de bombas y poderosos árboles desgarrados y dispersos por el suelo también ayudó a las líneas defensivas francesas, ya que creó un terreno complicado y difícil para que los atacantes alemanes pudieran cruzar. Aunque los alemanes estaban sorprendidos por la defensa francesa en el primer día de la batalla, ya que no podían concebir que nada ni nadie pudiera haber sobrevivido al bombardeo, y mucho menos tener la energía y los medios para luchar, confiaban en que sus números superiores y la potencia de fuego aún les permitiría tomar Verdún en un par de días. Al final del primer día, a pesar de su feroz resistencia, los alemanes habían penetrado la línea defensiva francesa en varios lugares y habían ocupado el Bois d'Haumont (Bosque de Haumont).

Al día siguiente, el bombardeo comenzó de nuevo, y aunque parecía imposible que alguien pudiera sobrevivir a un segundo día de asaltos continuos y metódicos de artillería, lo hicieron. Con una tenacidad heroica que llegaría a encarnar la defensa francesa de Verdún, los soldados sobrevivientes se escondieron en sus trincheras hasta que el bombardeo terminó y luego continuaron defendiendo sus posiciones lo mejor que pudieron de lo que quedaba de las trincheras. En la tarde del 22 de febrero, la primera ola principal de infantería de los alemanes atacó, y la línea del frente francés se dobló bajo la presión implacable cuando la aldea de Haumont fue arrasada por el fuego de artillería. Pero una vez más, la resistencia y la tenacidad francesas imprevistas evitaron que los alemanes aprovecharan su ventaja, y se vieron obligados a retirarse.

La mañana del 23 de febrero comenzó de nuevo con un bombardeo de las líneas francesas por la artillería alemana. Por ahora, había un caos creciente y confusión en las líneas defensivas francesas. Las líneas telefónicas fueron eliminadas por los bombardeos, y los mensajeros que corrían entre los comandantes no estaban llegando a sus destinos. Unidades enteras habían sido dispersadas a lo largo de la línea, y una por una, las agresiones francesas comenzaron a callarse. Cuando los franceses se vieron obligados a retroceder, se inclinaron bajo el intenso asalto alemán, pero sus líneas no se abrieron, y finalmente lograron usar su artillería para detener parte del avance alemán en Samogneux. A pesar del valiente esfuerzo de los soldados franceses en las trincheras, al anochecer del 23 de febrero, los pueblos de Brabant-sur-Meuse, Wavrille y Samogneux habían caído en manos de los alemanes.

En tres días, los alemanes habían sobrepasado la primera línea de las defensas francesas, y miles de tropas francesas, colocadas en posiciones insostenibles, se perdieron. Ciertamente comenzó a parecer que el plan de von Falkenhayn estaba funcionando y que los alemanes lograrían una victoria absoluta en Verdún. El 24 de febrero de 1916 fue un día particularmente sombrío en la historia francesa, ya que los alemanes ganaron aún más terreno en Verdún. Una nueva división de defensores franceses, mal preparada para la batalla que enfrentaron, se rompió rápidamente bajo el implacable bombardeo alemán, y toda la segunda línea de defensas francesas cayó en cuestión de horas. En ese fatídico día, los alemanes ganaron más terreno que en los tres días anteriores juntos. Parecía que el ejército alemán estaba avanzando por primera vez desde la batalla de Marne. Después de intensos combates, los alemanes tomaron Beaumont, el Bois des Fosses y el Bois des Caurieres.

Sin embargo, entre los alemanes y la ciudad de Verdún, todavía hay una línea de fortalezas, incluida Douaumont, la más grande y la más alta de las diecinueve fortalezas que protegen la ciudad de Verdún. En este punto de la batalla, todo parecía ir por el camino de los alemanes. Los franceses se encontraron bajo una intensa presión, pero aun así, se mantuvieron firmes y lucharon con uñas y dientes para defender su famosa ciudadela, haciendo que los alemanes trabajaran por cada metro de terreno que ganaron. Los franceses se aferraron a la esperanza de que el avance alemán fuera detenido por los fuertes y que Douaumont se mantuviera firme. Pero los alemanes siguieron adelante sin tregua, y el 25 de febrero lograron uno de los mayores éxitos de la Primera Guerra Mundial. A solo cinco días de la batalla de Verdún, las fuerzas alemanas capturaron el poderoso Fort Douaumont, la joya de la corona de Verdún. Esta hazaña fue lograda por varios pequeños focos del 24º Regimiento de Brandeburgo, bajo el mando del teniente Eugen Radtke, quien capturó el fuerte sin perder ni un solo hombre ni disparar un solo disparo.

Los alemanes avanzaron de manera constante, y con el apoyo de las ametralladoras desde el borde del Bois Hermitage, se apresuraron a la posición francesa en Côte 347 (Colina 347). Los franceses fueron rápidamente rebasados y obligados a retirarse a la aldea de Douaumont. Los alemanes los persiguieron hasta que fueron atacados con ametralladoras desde el techo de la iglesia de Douaumont. Al mismo tiempo, la artillería alemana también estaba bombardeando el área. Para evitar el fuego de ametralladoras de los franceses y el bombardeo de sus propias tropas, dos pequeños grupos de soldados alemanes se refugiaron en el bosque y en un barranco que conducía hacia Fort Douaumont. Ambas partes se dirigieron hacia el fuerte, que asumieron que estaría profundamente fortificado y bien protegido. No se dieron cuenta de que la guarnición francesa en Fort Douaumont solo estaba formada por un pequeño equipo de mantenimiento de aproximadamente 25 hombres, bajo el mando de un oficial de la orden de detención francés llamado Chenot.

A medida que avanzaban, las tropas alemanas utilizaron bengalas para indicar a su artillería que detuviera el bombardeo de la zona, pero debido a la escasa visibilidad por la nieve y el crepúsculo, la artillería alemana no vio las bengalas. Sin embargo, las ametralladoras francesas en la aldea de Douaumont guardaron silencio mientras las tropas francesas confundían las bengalas alemanas con las de los Zouaves franceses (regimientos de infantería ligera) que se retiraban de Côte 378. Los soldados alemanes cortaron el cable alrededor del fuerte y pudieron llegar al extremo noreste del edificio. Encontraron su camino hacia adentro y se movieron en silencio por la céntrica Rue de Rempart hasta que encontraron la pequeña guarnición francesa en un nivel inferior y los tomaron prisioneros sin que se disparara un tiro. En Francia, la rendición de Fort Douaumont fue considerada como un desastre nacional. En Alemania, las campanas de las iglesias sonaron en todo el país para celebrar la captura de Douaumont.

Justo cuando la situación parecía más terrible para los franceses, el 27 de febrero, la Madre Naturaleza jugó una vez más a favor de los Aliados. La nieve derretida alrededor de Verdún convirtió el suelo en un pantano, haciendo que algunas baterías de artillería alemanas quedaran inutilizables y dejara a otras estancadas en el lodo. Después de su implacable empuje durante casi una semana para ganar la mayor cantidad de territorio posible, la infantería alemana estaba empezando a sufrir agotamiento, y la inesperada y alta tasa de bajas estaba afectando la moral. El rápido avance de la infantería alemana también significó que muchas de las tropas se habían movido más allá del alcance del fuego de cobertura de su artillería, y las condiciones fangosas hicieron casi imposible mover las armas pesadas hacia adelante para seguir el ritmo de la infantería. El 29 de febrero, el avance alemán fue detenido en Douaumont por el 33º Regimiento de Infantería francés y la fortuita gran nevada.

Después de la caída de Douaumont, el alto mando francés finalmente se dio cuenta de la gravedad de la situación en Verdún, y Joffre envió al general Philippe Pétain, un maestro del arte de la defensa, al mando de las tropas francesas. Sus órdenes eran retener a Verdún, a cualquier costo. Mientras el ejército alemán se preparaba para la siguiente fase de su ataque, el general Philippe Pétain, al haber recibido la formidable tarea de mantener la orilla derecha del Mosa, estaba ocupado reforzando las defensas francesas. El comandante francés sabía que, si la orilla este del Mosa se perdía, todo se perdería. Si Pétain no pudiera mantener esta posición estratégica, entonces los franceses no podrían sostener Verdún. Y si Verdún cayera, el efecto en la moral sería catastrófico, y el liderazgo francés dudó que la nación sobreviviera al golpe.

La reputación del general Pétain como maestro de la defensa era bien merecida, y no perdió el tiempo preparándose para una larga y ardua batalla para mantener la ciudadela. Pétain trajo un nuevo ejército, el 2º Ejército francés, para luchar en Verdún y estabilizar el frente. 90.000 hombres y 23.000 toneladas de municiones fueron compradas a la línea del frente desde Barhead-le-Duc. Pétain valoró la vida de sus hombres, y él no empujó a sus tropas en las líneas vulnerables del frente donde serían objetivos fáciles para los alemanes. Más bien los organizó para defender una serie de puntos fuertes de apoyo mutuo y consolidar las líneas existentes. Ordenó que no se intentara volver a tomar Fort Douaumont, pero las fortalezas que quedaron en manos francesas fueron rearmadas y provistas de suministros suficientes para resistir un asedio alemán. Pétain hizo girar sus unidades a través de las líneas del frente con regularidad, asegurándose de que sus tropas no pasaran largos períodos de tiempo en el extremo afilado del frente. Pétain también aumentó considerablemente el número de piezas de artillería en Verdún y comenzó a someter a los alemanes a los mismos niveles de bombardeo que los franceses habían sufrido.

Una de las claves de la supervivencia francesa en Verdún fue el "Voie Sacrée", o Camino Sagrado. Este fue el único camino hacia Verdún que permitió a los franceses mantener sus tropas provistas de municiones y otros suministros vitales. La Voie Sacrée, llamada en ese momento La Route, era una carretera de 65 km de largo, 7 metros de ancho (40 millas de largo, 23 pies de ancho) que conectaba Verdún y Bar-le-Duc, la conexión principal más cercana a la red ferroviaria francesa. Para 1916, esta carretera estaba en un estado bastante malo y bajo constante amenaza de bombardeo por parte de los alemanes. Pétain se dispuso a reparar la carretera y mantener esta línea de vida funcionando día y noche.

La ruta se dividió en zonas y numerosas divisiones territoriales, cada una encabezada por un oficial del ejército que tenía la tarea de mantener la carretera reparada y el tráfico en movimiento. Se abrieron canteras de piedra en las cercanías, y los soldados territoriales fueron responsables de romper la piedra y meterla en hoyos y debajo de los camiones a medida que pasaban. Se lanzaron 700.000 toneladas de piedra y escombros a la carretera durante la Batalla de Verdún para mantener su superficie durante los largos meses de la campaña.

Al estallar la guerra en 1914, no se esperaba que la tecnología motorizada desempeñara un papel importante en la guerra, por lo que el ejército francés tenía menos de 200 camiones. Como la mayoría de los ejércitos de la época, dependían más de los caballos y los ferrocarriles para el transporte. Para mantener los suministros fluyendo hacia Verdún a lo largo de la Vía Sagrada, el ejército francés requisó todos los camiones que pudo encontrar. Al igual que el famoso Marne Taxis que trajo refuerzos franceses muy necesarios desde París hasta la Primera Batalla de Marne en septiembre de 1914, fue una vez más el transporte motorizado lo que ayudó a rescatar a los franceses. El Voie Sacrée estaba reservado para el transporte motorizado, por lo que las tropas de infantería y la artillería tirada por caballos tenían que hacer uso de los campos a lo largo de la carretera. Se utilizaron siete escuadrones de cazas aéreos de Nieuport para defender el camino del bombardeo aéreo, y se establecieron varias pistas de aterrizaje en el área exclusivamente para este propósito.

El suministro de Verdún a lo largo de la Voie Sacrée era una misión gigantesca. El flujo de camiones a lo largo de la ruta nunca cesó. Día y noche, avanzaban por la carretera, trayendo suministros vitales y nuevas tropas al frente. Los camiones, que viajaban a una velocidad promedio de 25 km (15.5 millas) por hora, pasaban por la carretera a un ritmo de uno cada 14 segundos. No se permitió que los camiones pararan o pasaran vehículos delante de ellos, y cualquier vehículo que se averió fue simplemente empujado fuera de la carretera para no detener el flujo interminable de tráfico. A diferencia de los alemanes, que mantuvieron las mismas divisiones en su lugar durante los diez meses de la batalla de Verdún, Pétain hizo rotar a sus tropas para mantenerlos frescos. Todos los días, 15-20.000 hombres y 2.000 toneladas de municiones avanzaban a lo largo de la Voie Sacrée. En diciembre de 1916, casi dos millones y medio de hombres habían recorrido este famoso camino. A pesar de la constante amenaza de fuertes bombardeos, los franceses pudieron mantener abierta la Voie Sacrée y el frente suministrado con provisiones indispensables, tropas y municiones. El Camino Sagrado entregó la sangre esencial que los franceses necesitaban tanto para defender Verdún, y solo en la primera semana de marzo, 190.000 soldados marcharon al infierno en esta ruta.

[1] Taylor, AJP, A History of World War One, p 121

Capítulo Cinco - La batalla de Verdún se atasca en las trincheras

Una vez que el general Pétain llegó a Verdún, las cosas empezaron a desmoronarse para los alemanes; sin embargo, no se debió al brillante liderazgo de Pétain, sino más bien a su propio hacer. Los alemanes cometieron el error fatal de cambiar las tácticas en medio de la campaña. Si se hubieran adherido al plan original de von Falkenhayn, la Batalla de Verdún podría haber tenido un resultado muy diferente, pero no fue así.

Desde el principio, el plan de batalla de von Falkenhayn había sido restringir su ofensiva a la orilla derecha del Mosa en un ataque concentrado a los fuertes franceses. Toda su estrategia se basó en una guerra de desgaste, que llevó a los franceses a una posición insostenible y luego los desangró a través del fuego continuo de artillería pesada y minimizó las pérdidas alemanas. El príncipe heredero, sin embargo, tenía otras ideas, y quería atacar las dos orillas del río Mosa simultáneamente. A finales de febrero, animado por su éxito inicial, el príncipe heredero estaba aún más ansioso por comprometer al 5º Ejército alemán a una mayor acción ofensiva.

Al igual que con todas las ofensivas en el frente occidental, el ataque alemán se estaba estancando inevitablemente en los campos fangosos, y estaban perdiendo muchos más hombres de los que von Falkenhayn había previsto. Miles se sacrificaban diariamente para ganar poco más de unos cuantos cientos de pies. Cuando los alemanes comenzaron a recibir fuego pesado de los cañones franceses a lo largo del Mosa, von Falkenhayn accedió a regañadientes a extender la ofensiva a la orilla izquierda del río para eliminar esta amenaza y una vez más reducir las bajas alemanas. Con este fin, accedió a liberar más de su cuerpo a principios de marzo, marcando una escalada mortal en la Batalla de Verdún. La toma de terreno, en lugar de objetivos estratégicos, se convirtió en la prioridad para los alemanes, y para principios de marzo, las bajas en ambos bandos aumentaban, pero se estaba avanzando poco.

El 6 de marzo, los alemanes una vez más renovaron su ofensiva y atacaron la orilla izquierda del Mosa, empujando hacia una pequeña cordillera conocida como Mort-Homme (Colina del Hombre Muerto), que albergaba baterías de cañones franceses que obstaculizaban el progreso de las tropas alemanas hacia Verdún en la orilla derecha del Mosa. Usando un ataque doble, planeado por el general Heinrich von Gossler, el 6º Cuerpo de Reserva y el 10º Cuerpo de Reserva, con el apoyo de 25 baterías de artillería pesada, se encargaron de capturar una línea desde el sur de Avocourt a través de Côte 304 hasta Mort Homme y Côte 265. Este área era un objetivo clave para los alemanes porque los pondría en condiciones de destruir la artillería francesa en la orilla oeste del Mosa.

La primera fase del ataque a Mort-Homme y Côte 265 se planeó para el 6 de marzo, y el asalto en Avocourt y Côte 304 se llevaría a cabo el 9 de marzo. La lucha para ganar terreno fue feroz, y el área alrededor del Mort-Homme pronto se convirtió en el centro de amargas luchas hacia atrás y hacia adelante. Después de asaltar el Bois des Corbeaux y tomarlo el 7 de marzo, los alemanes lo perdieron rápidamente ante los franceses el día siguiente. Los alemanes lanzaron otro ataque el 9 de marzo, capturando Bois des Corbeaux por segunda vez. El asalto alemán en la orilla oeste fue apoyado por 25 baterías de artillería pesada, y el bombardeo alemán de Côte 304 fue tan intenso que redujo la altura de la colina de 304 m (997 pies) a 300 m (984 pies). Pero los alemanes en la orilla este del Mosa seguían recibiendo fuertes disparos de las armas francesas que operaban detrás de Côte de Marre y Bois Burrous. La artillería alemana en Côte 265 también estaba siendo sometida a un fuego de artillería sistemático por parte de los franceses, y los alemanes tuvieron que cambiar sus ataques de grandes operaciones a asaltos de frente restringido para lograr objetivos limitados. Incluso una vez que los alemanes finalmente lograron tomar la cresta en Mort-Homme, todavía estaban bloqueados por las armas de artillería francesas en Côte 304. Esto significaba que más divisiones alemanas fueron lanzadas a la refriega para tomar esta próxima cresta. Para el 14 de marzo, los alemanes finalmente habían tomado partes de la cresta en Mort-Homme, Côte 304 y Cumieres. Un objetivo que los alemanes habían esperado lograr en un día, les había llevado una semana completa. Este pequeño sector del campo de batalla tipificó en qué se había convertido la campaña para tomar Verdún: una ronda interminable de ataque, defensa y contraataque. Luchar con uñas y dientes para tomar un punto estratégico solo para perderlo nuevamente dentro de unos días. Esta fue ciertamente la guerra de desgaste que von Falkenhayn había planeado, pero no esperaba que los alemanes pagaran un precio tan alto como los franceses.

En marzo, los ataques alemanes ya no tenían el elemento sorpresa, y ahora se enfrentaban a un ejército francés bien provisto y decidido que estaba dispuesto a defender a Verdún hasta el final. La artillería alemana todavía estaba logrando infligir ataques devastadores en la línea defensiva francesa, pero tuvo un alto costo cuando la artillería francesa devolvió el fuego, matando a muchos alemanes y cortando los batallones de sus líneas de suministro. El continuo fuego de artillería permitió a la infantería alemana hacer pequeños avances, pero los franceses utilizaron las mismas tácticas para lanzar contraataques.

Pronto, Verdún estaba siguiendo el curso típico de todas las batallas de la Primera Guerra Mundial, y ambos bandos fueron nuevamente atascados en las trincheras. Además de la miseria, las condiciones empeoraron a medida que caía una lluvia persistente en marzo y abril, convirtiendo el campo de batalla en un cenagal. Los soldados dormían y comían junto a cadáveres podridos, y el campo de batalla se había convertido en una masa apestosa de cuerpos en descomposición. "Todos los que buscan cubrirse en un agujero producido por una bomba, tropiezan con cuerpos resbaladizos y en descomposición y tienen que proceder con las manos malolientes y la ropa maloliente", fue como un soldado describió el infierno en el que se había convertido Verdún. Y así, la batalla se prolongó mes tras mes y ninguna de las partes pudo convertir sus éxitos en una victoria absoluta. Las aldeas fueron tomadas por los alemanes un día para que se perdieran nuevamente días después. La batalla se había convertido en un estancamiento sangriento de ataques y contraataques.

A medida que las condiciones empeoraban, en muchos lugares ya no había ni siquiera trincheras que defender; en sus lugares solo había grupos de agujeros causados por bombas donde grupos aislados de hombres vivían y morían defendiendo sus posiciones. A pesar de los heroicos sacrificios del ejército francés, los alemanes se fueron acercando cada vez más al pueblo de Verdún. A finales de marzo de 1916, los franceses habían perdido a casi 89.000 hombres y a los alemanes no les estaba yendo mucho mejor. A pesar de los mejores esfuerzos de von Falkenhayn para limitar las bajas alemanas, también habían perdido a más de 80.000 combatientes. Esto no era en absoluto lo que von Falkenhayn había querido cuando presentó su plan de batalla solo unos meses antes.

A finales de abril, el general Robert Nivelle tomó el control de las fuerzas francesas de Pétain y comenzó una contraofensiva a gran escala. Esto permitió a los alemanes volver al plan original de von Falkenhayn y lanzar su último impulso hacia Verdún, pero era demasiado tarde para que la estrategia se implementara con éxito. Los alemanes habían perdido de vista la importancia estratégica de Verdún, y la batalla prácticamente había adquirido una vida demoníaca. El honor se había vuelto tan importante para ambos lados que era imposible que cualquiera de los dos se retirara sin sufrir una derrota devastadora y humillante. Los alemanes sabían que, si no avanzaban, se verían obligados a retirarse a donde habían comenzado en febrero de 1916, y no estaban preparados para hacerlo.

A finales de mayo de 1916, sin un final previsible a la vista en Verdún, Joseph Joffre se reunió con Sir Douglas Haig, comandante de las fuerzas británicas a las que se había encargado la planificación de la batalla de Somme después de que los franceses se hubieran visto obligados a dirigir su atención a la defensa de Verdún. Joffre instó a Haig a avanzar en la fecha de la ofensiva de Somme. Al principio, Haig se resistió a esta idea. Había planeado lanzar la ofensiva a mediados de agosto y estaba decidido a atenerse a su línea de tiempo. Pero Joffre argumentó que para entonces no quedaría ningún ejército francés, por lo que eventualmente, Haig accedió a regañadientes a avanzar en su ataque a principios de julio. El objetivo estratégico básico de la ofensiva del Somme ahora era aliviar la presión sobre los franceses en Verdún y matar a la mayor cantidad posible de alemanes en el proceso.

Capítulo seis - Un verano en el infierno

Junio no solo trajo con él el calor del verano y las moscas implacables, sino también la fase más letal e intensa de la lucha cuando los alemanes lanzaron todo su peso detrás de un ataque concentrado a lo largo de un frente que tenía poco más de tres millas de ancho. A principios de junio, los alemanes atacaron el Fuerte de Vaux, el segundo más importante de los grandes fuertes, que estaba situado en el extremo noreste de la línea francesa. Vaux había sido bombardeado por aproximadamente 8.000 proyectiles por día desde el comienzo de la ofensiva de Verdún, y después del último asalto alemán el 1 de junio, 10.000 soldados alemanes pudieron ocupar la cima del fuerte. Sin embargo, los combates continuaron bajo tierra mientras 600 soldados franceses, bajo el mando del comandante Sylvain Eugene Raynal, heroica y de forma desafiante, mantuvieron la fuerza principal del 5º Ejército alemán durante una semana antes de que se quedaran sin agua y se vieran obligados a rendirse. La toma de Vaux fue una victoria significativa para los alemanes, pero también demostró ser su último ataque exitoso en Verdún.

Debido a la política de rotación de tropas introducida bajo el mando del General Pétain, para el 15 de junio, 66 divisiones (aproximadamente el 75%) del Ejército francés habían actuado en

Verdún. Los alemanes solo habían usado 43 divisiones. Las armas francesas habían disparado más de diez millones de disparos de artillería de campo y, sin embargo, a pesar de este enorme gasto de recursos y la horrible pérdida de vidas, poco había cambiado en el frente y ninguna de las partes había logrado avances significativos. En la orilla izquierda, los alemanes avanzaron desde Côte 304, Mort-Homme y Cumieres para amenazar a Avocourt y Chattancourt. Sin embargo, las fuertes lluvias ralentizaron su avance hacia Fort Souville, que dominaba una colina a 1 km (0.62 millas) al sureste de la ciudad de Fleury. Durante los siguientes dos meses, ambas partes atacaron y contraatacaron en el área sin ningún aumento significativo. Mientras los dos ejércitos opuestos seguían buscando una ventaja en Verdún, los preparativos para la ofensiva en el Somme aumentaron la presión de ambos lados para presionar por una resolución apresurada y concluyente.

Justo cuando Vaux cayó, se desataron las ofensas aliadas de verano, con los rusos lanzando la Ofensiva Brusilov y los británicos atacando a la Somme. Finalmente, la marea comenzó a cambiar a favor de los franceses, ya que los alemanes se vieron obligados a redirigir las tropas para hacer frente a estas nuevas amenazas. En el este, el general ruso Brusilov dirigió un ataque contra el ejército austrohúngaro con cuarenta divisiones rusas. Inicialmente, esta campaña fue un éxito, y aunque luego fracasó, logró un objetivo vital, y fue el de alejar a las fuerzas alemanas de Verdún. Falkenhayn se vio obligado a transferir tropas desesperadamente necesitadas desde el campo de batalla de Verdún para apoyar al aliado fallido de Alemania.

Esto, sin embargo, no acabó con el asalto alemán a Verdún; era simplemente un indulto para los franceses. El 22 de junio, los alemanes dispararon 11.600 proyectiles de gas de fosgeno en las líneas francesas mientras avanzaban hacia Fort Souville, una posición que había sido bombardeada por más de 38.000 proyectiles y fue la última cresta antes de Verdún. Capturar esta posición, uno de los principales objetivos alemanes desde el inicio de la ofensiva, habría dado a los alemanes el control de los terrenos altos que dominan Verdún. El gas disparado a las líneas francesas causó 1.600 bajas. Con soldados luchando por respirar, vomitando y sufriendo de visión borrosa, gran parte de la artillería francesa se quedó en silencio. Esto permitió a los alemanes capturar el Ouvrage de Thiaumont y el Ouvrage de Froidterre, e invadir las aldeas de Fleury (Fleury cambió de manos dieciséis veces desde el 23 de junio hasta el 17 de agosto) y Chapelle Sainte-Fine. Chapelle Sainte-Fine marcó el punto más lejano al que llegaron los alemanes durante la batalla de Verdún. Cuando los alemanes tomaron la ciudad de Fleury, el general Nivelle emitió la ahora famosa Orden del Día que terminó con las palabras: "¡No pasarán!" (¡Ils ne passeront pas!)

Los alemanes estaban ahora a 5 km (3 millas) de la ciudadela de Verdún, lo suficientemente cerca de la ciudad como para disparar a las calles con ametralladoras. Sin embargo, los franceses seguían luchando, pero la moral ahora era peligrosamente baja, y nadie sabía cuánto más podían tomar. Se desviaron cuatro divisiones francesas del Somme a Verdún, y los franceses pudieron finalmente detener el avance alemán, empujándolos hacia atrás y retomando Chapelle Sainte-Fine. Finalmente, el 24 de junio, se escuchó el ruido de las armas pesadas británicas en Verdún. El bombardeo preliminar de siete días del Somme había comenzado por fin. El 25 de junio, con ambos bandos sufriendo de gran fatiga, Knobelsdorf, el Jefe de Estado Mayor del 5° Ejército alemán, suspendió su ataque en Verdún.

Una vez que estalló la lucha en el Somme, la presión aumentó ligeramente sobre Verdún, aunque la sangrienta lucha continuaría durante casi otros seis meses. El 11 de julio, los alemanes hicieron un último esfuerzo desesperado para capturar Verdún. Una vez más centraron su atención en Fort Souville. El ataque comenzó con un bombardeo preliminar el 9 de julio con 60.000 proyectiles de gas en esta posición estratégica, pero esto tuvo poco efecto porque los franceses habían sido equipados con máscaras de gas M2 que eran más efectivas para protegerlos de los efectos del gas que lo que habían sido los modelos anteriores. El ataque de tres divisiones alemanas comenzó dos días después, pero la infantería se convirtió en un embotellamiento en la carretera que llevaba a Fort Souville y era un blanco fácil para la artillería francesa. Los soldados alemanes que lograron sobrevivir al bombardeo fueron disparados por sesenta ametralladores franceses estacionados en Fort Souville. El 12 de julio, un puñado de tropas alemanas lograron alcanzar una cresta desde donde podían mirar hacia la ciudad de Verdún. Podían ver los tejados de casas y edificios e incluso la torre de la imponente Catedral de Verdún, pero esto era lo más cerca que podían llegar a Verdún. En la tarde del 11 de julio, el príncipe heredero Guillermo recibió órdenes de von Falkenhayn para que dejara de atacar a Verdún y se pusiera a la defensiva. El 2º Ejército francés finalmente ganó la superioridad de artillería en el área, y Nivelle pudo lanzar un contraataque y comenzar a recuperar lentamente el terreno perdido, ya que los combates continuaron avanzando y retrocediendo entre las líneas francesa y alemana.

A finales de agosto, von Falkenhayn fue reemplazado como jefe del Estado Mayor General por el dúo dinámico de Paul von Hindenburg y Erich Ludendorff. En septiembre, el general Charles Mangin, un talentoso estratega que mantenía la línea defensiva francesa desde Fleury hasta la orilla derecha del Mosa, propuso a Nivelle un plan que esperaba que finalmente liberara a Verdún. El 21 de octubre, los franceses iniciaron su primera batalla ofensiva de Verdún con el objetivo de recuperar Fort Douaumont. El ataque comenzó con un bombardeo de artillería en un amplio frente seguido de un asalto de infantería con tres divisiones avanzando detrás de un bombardeo de artillería progresiva, una táctica por la cual se dispararon proyectiles de artillería justo delante de las líneas de avance para ayudar a su progreso. En la tarde del 24 de octubre, los franceses habían retomado Douaumont, y para el 2 de noviembre, también retomaron el fuerte en Vaux.

Para explotar su éxito, los franceses planearon un ataque para el 5 de diciembre con la intención de retomar toda la antigua segunda línea francesa que se había perdido muy temprano en la batalla. Los preparativos para el ataque comenzaron el 29 de noviembre con una descarga de 750 cañones. El mal tiempo, sin embargo, puso fin a este asalto, retrasando el ataque francés y terminando efectivamente su elemento sorpresa. Esto les dio a los alemanes la oportunidad de lanzar un agresivo contraataque el 6 de diciembre. Afortunadamente para los franceses, el 9 de diciembre el clima cambió nuevamente y lo que siguió fue un duelo de artillería entre los dos ejércitos.

A las 10:00 a.m. del 15 de diciembre, comenzó el enfrentamiento final de la Batalla de Verdún, pero los alemanes lanzaron su contraataque unos minutos vitales demasiado tarde, y cuatro divisiones francesas pudieron atacar sus líneas. Al caer la noche, los franceses habían capturado y destruido 115 cañones alemanes, y más de 9.000 hombres habían sido tomados como prisioneros. Este combate, más tarde conocido como la Batalla de Louvemont, terminó el 18 de diciembre con la captura de Chambrettes. Esto marcó el final de la batalla de Verdún.

Conclusión

Para la Navidad de 1916, tanto la batalla de Verdún como la batalla de Somme habían terminado. Pero ambas campañas realmente habían sido un infierno en la tierra para los hombres que lucharon y murieron en esos campos fangosos. Verdún fue concebido y ejecutado por von Falkenhayn para que fuera una sangrienta guerra de desgaste, y ciertamente logró ese objetivo, pero no de la manera que había previsto. Von Falkenhayn estaba en lo cierto al estimar que Francia defendería su famosa ciudadela hasta el amargo final, pero subestimó su fuerza y resistencia, y esto finalmente llevó a la derrota alemana en Verdún.

Durante meses, los franceses lucharon con uñas y dientes para mantenerse en la batalla, pero finalmente, a través del manejo estratégico de las tropas y el uso efectivo de nuevas tácticas basadas en secciones de infantería especializadas armadas con ametralladoras ligeras, granadas de rifle, morteros y ametralladoras de campo ligero, combinado con una logística eficiente y la resistencia de los hombres en las trincheras, hicieron que los franceses lograran la victoria en Verdún. Desafortunadamente, tuvo un costo tremendo. Los alemanes sufrieron más de 330.000 bajas, y los franceses perdieron aproximadamente 370.000 por muerte y lesiones. Von Falkenhayn había planeado desangrar a Francia con una batalla de desgaste, pero nunca había anticipado que Alemania sangraría tanto.

El paisaje de la zona también se ha alterado para siempre, y nueve aldeas (Beaumont, Bezonvaux, Cumieres, Douaumont, Fleury, Haumont, Louvemont, Ornes y Vaux) fueron destruidas por completo y nunca fueron reconstruidas. Un área que cubre 170 kilómetros cuadrados (65 millas cuadradas) en la cresta de Verdún aún se declara zona roja debido a la presencia de artefactos explosivos sin detonar (bombas sin explotar o restos explosivos de guerra). Se estima que más de diez millones de proyectiles permanecieron enterrados en el suelo alrededor de Verdún tras finalizar la batalla, y son eliminadas de la zona cuarenta toneladas de municiones sin explotar anualmente.

La Batalla de Verdún también tuvo serias consecuencias estratégicas para el resto de la guerra. El plan aliado original para derrotar a los alemanes a través de una serie de ataques coordinados a gran escala, conocido como el "Big Push", liderado por los franceses, se hizo añicos. La Batalla de Verdún había infligido un daño masivo al Ejército francés, reduciendo drásticamente el número de combatientes, y esto significaba que, en última instancia, Gran Bretaña tendría que liderar el " Big Push" en el Frente Occidental.

La batalla de Verdún fue la batalla más larga, sangrienta y costosa de la Primera Guerra Mundial, y cuando terminó, ya había diezmado a los ejércitos alemán y francés, y las cicatrices de la batalla en la psique nacional francesa todavía pueden sentirse hasta el día de hoy. La nación francesa nunca olvidará los sacrificios que hicieron sus valientes hijos en el campo de batalla para mantener a Verdún y finalmente garantizar su libertad.

Recordando a los Caídos

La Batalla de Verdún se cobró la vida de aproximadamente 300.000 soldados predominantemente franceses y alemanes, pero trágicamente nunca se han encontrado los cuerpos de 160.000 hombres. Destrozados o enterrados en el suelo francés, estos hombres no tienen un lugar de descanso conocido, pero son recordados y honrados en los diversos monumentos en Verdún y sus alrededores.

Varios monumentos se han erigido en la zona para honrar a los caídos.

El Monument à la Victoire et aux Soldats de Verdun fue diseñado por el arquitecto Léon Chesnay y se encuentra en el corazón de la ciudad. Está coronado por una estatua del emperador Carlomagno vestido como un guerrero y apoyado en su espada.

El Monument aux Enfants de Verdun Morts pour la France representa a cinco soldados, un soldado de infantería, un ingeniero, un artillero, un jinete y un soldado del Ejército Territorial, de pie hombro con hombro.

El Monument de la Voie Sacrée et de la Voie de la Liberté se encuentra en el cruce de la ruta que une Verdún con Bar-le-Duc y Argonne, marcando el camino vital que mantenía al ejército francés abastecido.

Los restos de los soldados que murieron en los campos de batalla de Verdún están internados en 19 cementerios en el área. El más grande es el Osario y Necrópolis de Douaumont, creado por el obispo de Verdún, Monseñor Ginisty, quien quería asegurarse de que los hombres que sacrificaron sus vidas en Verdún tuvieran un lugar de descanso decente. La cima de la colina Douaumont está dominada por el Osario de Douaumont, un edificio de 137 m (449 pies) con forma de galería, rodeado por una multitud de cruces blancas y dominado por una linterna central de 46 m (151 pies) de altura de los difuntos. La primera piedra fue colocada por Philippe Pétain, un hombre que había experimentado de primera mano el sufrimiento de Verdún, el 22 de agosto de 1920. El osario de Douaumont alberga los huesos de 130.000 soldados franceses y alemanes no identificados que murieron en Verdún en 1916, y el ejército nacional La necrópolis contiene las tumbas de 16.142 soldados franceses conocidos. Los restos de 160.000 soldados, cuyos cuerpos nunca fueron recuperados, descansan en el suelo que se extiende por todo el osario de Douaumont. Este extenso cementerio sigue siendo una zona protegida, pero se ha permitido que los arbustos y árboles crezcan entre las trincheras y los cráteres de conchas, albergando el lugar de descanso final de innumerables hombres.

Cronología de la Batalla de Verdún

1916

21 de febrero: la batalla de Verdún comienza con un bombardeo preparatorio alemán seguido de un ataque de infantería.

Al amanecer: el bombardeo de artillería alemana en Verdún comienza como preparación para un asalto de infantería alemana.

4:00 p.m.: el bombardeo alemán termina, y comienza el asalto de infantería. El Bois d'Haumont y el Bois d'Herebois son capturados por los alemanes, pero el regimiento de infantería ligera del teniente coronel francés Emile Driant solo logra mantener el Bois des Caures.

22 de febrero: los alemanes renovaron su bombardeo de artillería a primera luz. Utilizan un mayor grupo de hombres para atacar y abrumar a la defensa del Bois des Caures. Se toma la colina y Emile Driant recibe un disparo en la cabeza y muere mientras retira los restos de sus tropas.

23 de febrero: un contraataque francés para tomar el Bois des Caures falla. El pueblo de Brabante es capturado, y la defensa de Samogneux parece precaria.

24 de febrero: la segunda línea de defensa francesa se derrumba en cuestión de horas. El avance alemán toma varios puntos clave

más, empujando a la 51 División del Bois des Fosses y capturando el pueblo de Ornes en el Mosa.

25 de febrero: Fort Douaumont, el más grande de los imponentes fuertes que protegen a Verdún, es capturado por el 24º Regimiento de Infantería de Brandeburgo, comandado por el teniente Eugen Radtke. El general francés, Philippe Pétain, experto en el arte de la defensa, toma el mando del sector Verdún y se le ordena que retenga Verdún cueste lo que cueste.

4 de marzo: el pueblo de Douaumont cae en manos de los alemanes, pero el avance alemán se ralentiza cuando los alemanes comienzan a atascarse en las trincheras.

Del 6 de marzo al 9 de abril: los intensos combates continúan en Verdún. El ataque alemán en la orilla oeste del Mosa avanza de forma lenta pero constante, capturando a Forges, Regnéville, el Bois des Courbeaux (recapturado por los franceses el 8 y luego perdido nuevamente el 9) y Côte de l'Oie. La cresta de Le Mort-Homme aún permanece en manos francesas.

9 de abril: von Falkenhayn finalmente permite que el príncipe heredero lance un gran ataque a ambos lados del río Mosa. La ofensiva en la orilla oeste pone a las tropas alemanas en las laderas de Le Mort-Homme (La colina del hombre muerto). La ofensiva en la orilla este, sin embargo, avanza poco.

30 de abril: el general Philippe Pétain es promovido y toma el mando del Grupo del Ejército Central Francés. Nivelle se convierte en comandante del 2º Ejército francés y asume la defensa de Verdún.

Del 4 al 24 de mayo: los alemanes hacen repetidos ataques a Le Mort-Homme pero ganan poco terreno.

22 de mayo: falla un contraataque francés de la 5ª División de Infantería para recuperar Fort Douaumont.

26 de mayo: Joffre se reúne con William Haig en su cuartel general y lo convence para que mueva su ataque contra el Somme desde mediados de agosto hasta principios de julio.

Del 29 de mayo al 2 de junio: intensos combates alrededor de Côte (Colina) 304, Le Mort-Homme y Thiaumont continúan.

Del 3 al 8 de junio: Fort Vaux, el segundo de los grandes fuertes de Verdún está rodeado por los alemanes, y después de una batalla de cinco días, los franceses se quedan sin agua y se ven obligados a entregar este sitio clave.

4 de junio: la ofensiva rusa de junio, dirigida por el general Brusilov, se lanza en el frente oriental para coincidir con la batalla del Somme. El ataque del general Brusilov contra el ejército austrohúngaro aleja a las tropas alemanas de Verdún, ya que se ven obligados a acudir en ayuda de su aliado fallido.

23 de junio: los alemanes utilizan gas letal de fosgeno en las líneas francesas. El príncipe heredero alemán ataca contra Fort Souville, y los alemanes se encuentran a corta distancia de la ciudad de Verdún. Los alemanes incluso dispararon balas de ametralladora en las calles de la ciudad.

Del 23 al 30 de junio: los alemanes ganan terreno después de una gran ofensiva alemana en el sector de Thiaumont-Fleury-Souville. Pero la inminente ofensiva en el Somme comienza a desviar la atención alemana de Verdún y hacia el Somme.

1 de julio: la ofensiva Somme dirigida por los británicos comienza más al norte y aleja a las tropas alemanas de la continua Batalla de Verdún.

Del 11 al 12 de julio: los alemanes lanzan un último intento desesperado de tomar Verdún, pero esta ofensiva final falla en la toma de Souville.

28 de agosto: Falkenhayn renuncia y es reemplazado por el dúo dinámico de Paul von Hindenburg y Erich Ludendorff.

2 de septiembre: Hindenburg ordena que cesen todas las operaciones ofensivas alemanas en Verdún.

19 de octubre: los franceses lanzan una contraofensiva en Verdún y comienzan a recuperar el terreno que habían perdido frente a los alemanes. La artillería francesa comienza un bombardeo de las líneas alemanas en Verdún.

24 de octubre: comienza la ofensiva francesa, avanzando 3 km (1.8 millas) en el primer día, y finalmente retomando Fort Douaumont.

2 de noviembre: las tropas francesas retoman el fuerte de Vaux.

15 de diciembre: las tropas francesas hacen retroceder a las fuerzas alemanas casi hasta su posición de febrero de 1916 en Bois de Chaume, y los alemanes pierden casi todo el territorio por el que lucharon tanto para ganar en Verdún.

Comandantes alemanes y aliados en la batalla de Verdún

Erich von Falkenhayn - jefe del Estado Mayor alemán

Erich von Falkenhayn fue el jefe del Estado Mayor alemán desde el 14 de septiembre de 1914 hasta el 29 de agosto de 1916. Escogió Verdún como campo de batalla en un intento por romper el espíritu francés. Von Falkenhayn fue comandante del ejército alemán durante la Batalla de Verdún, pero fue relevado de su mando después de que los alemanes fallaron al tomar la ciudadela, a pesar de la gran pérdida.

Príncipe heredero Guillermo: comandante del 5º ejército alemán en la batalla de Verdún

El príncipe heredero Wilhelm, el hijo mayor de Kaiser Wilhelm y el último príncipe heredero del Imperio alemán, tuvo muy poca experiencia de mando cuando estalló la Primera Guerra Mundial, pero aún se le dio el mando del 5º Ejército en 1914. El príncipe heredero fue elegido por von Falkenhayn para liderar a los alemanes en la batalla de Verdún a principios de 1916. En 1917, el príncipe heredero Wilhelm, quien consideraba que la guerra no tenía sentido, intentó sin éxito convencer a los líderes militares alemanes de demandar por la paz. Después de la guerra, durante su exilio en Holanda, a menudo se lo llamaba el Carnicero de Verdún.

Paul von Hindenburg - comandante del 8vo Ejército alemán

Paul von Hindenburg fue comandante del 8º Ejército alemán en el frente oriental en agosto de 1914. Condujo a sus tropas a la victoria sobre el 2º Ejército ruso en la batalla de Tannenberg, y derrotó al 1º ejército ruso en la batalla de los Lagos de Masuria y expulsó con éxito a los rusos de Prusia Oriental. Durante la mayor parte de la guerra, él y su segundo al mando, el general Erich Ludendorff, tomaron el control del ejército y, en efecto, del país. A finales de agosto, von Falkenhayn fue reemplazado como jefe del Estado Mayor por Paul von Hindenburg.

Erich Ludendorff - General alemán

Erich Ludendorff desempeñó un papel clave para asegurar la victoria alemana sobre los rusos en la batalla de Tannenberg; sin embargo, tuvo menos éxito en el frente occidental. Ludendorff ordenó la reanudación de los ataques submarinos en el Atlántico, un acto que ayudó a convencer a los estadounidenses a entrar en la guerra del lado de los aliados. Ludendorff fue el segundo al mando del comandante Paul von Hindenburg cuando asumió el mando de las fuerzas alemanas en la batalla de Verdún.

Philippe Pétain - Mariscal de Francia y comandante en jefe de las fuerzas francesas en el frente occidental

Philippe Pétain dirigió las fuerzas francesas en la batalla de Verdún y fue aclamado como un héroe nacional por repeler el ataque alemán. En 1917, fue brevemente comandante en jefe del ejército francés, y pudo mejorar la disciplina y elevar la moral en un momento crucial de la guerra de los Aliados. Pétain sabía cómo organizar de manera eficiente la línea defensiva y podía seleccionar puntos fuertes clave que debían fortalecerse. También se dio cuenta del valor de las tropas en rotación al mantener una línea defensiva para mantener la moral alta y evitar el agotamiento. Pétain tuvo una verdadera compasión por la difícil situación de sus hombres, y es una trágica ironía que haya sido llamado a someter a tantos de ellos al horror de Verdún.

Joseph Joffre, mariscal de Francia y comandante en jefe de las fuerzas francesas en el frente occidental

Joseph Joffre, apodado Papa Joffre, fue comandante en jefe de las fuerzas francesas en el frente occidental desde el estallido de la Primera Guerra Mundial hasta diciembre de 1916. Fue reconocido por los franceses como el "Vencedor de Marne" después del éxito de Francia en La Primera Batalla de Marne.

Emile Driant - teniente coronel del ejército francés

Emile Driant, un escritor, político y oficial del ejército francés, fue la primera víctima francesa de alto rango en la Batalla de Verdún. En 1914, le dieron el mando de dos batallones de infantería, a saber, los 56 y 59 Chasseurs (infantería ligera francesa). En diciembre de 1915, criticó a Joffre por retirar de Verdún los cañones de artillería y los batallones de infantería y, por lo tanto, debilitar sus defensas. Fue asesinado durante la batalla de Verdún el 22 de febrero de 1916, por un disparo en la cabeza mientras sus cazadores se retiraban del Bois des Caures. Inicialmente fue enterrado con honores militares por los alemanes, pero su cuerpo fue reenviado más tarde donde cayó en Bois des Caures. Ahora hay un monumento conmemorativo en el sitio, y cada año, el 21 de febrero, se lleva a cabo una ceremonia en honor a Driant y sus valientes cazadores. Driant es considerado como un héroe nacional por los franceses.

Robert Georges Nivelle - General en el ejército francés

Robert Nivelle sirvió bajo el mando de Philippe Pétain en Verdún hasta que Pétain fue ascendido al mando del Grupo Central del Ejército Francés en mayo de 1916. Luego, Nivelle tomó el mando del Ejército francés en Verdún y dirigió el exitoso contraataque contra los alemanes. El 12 de diciembre de 1916, fue nombrado comandante en jefe de los ejércitos franceses.

Douglas Haig - Mariscal de campo británico

Douglas Haig fue comandante en jefe de las Fuerzas Expedicionarias Británicas durante la mayor parte de la Primera Guerra Mundial. Él tomó el mando de John French en 1915. Dirigió las fuerzas británicas en la Batalla del Somme y la Batalla de Passchendaele.

Cronología de eventos significativos en la Primera Guerra Mundial

1914

28 de junio: asesinato de Franz Ferdinand.

28 de julio: el imperio austrohúngaro declara la guerra a Serbia

> Alemania se alía inmediatamente con el Imperio austrohúngaro y declara la guerra a Serbia.

> Rusia, de acuerdo con su alianza con Serbia, comienza a movilizarse para la guerra el 29 de julio.

1 de agosto: Alemania declara la guerra a Rusia.

> Francia se ve obligada a movilizarse en conformidad con su acuerdo con Rusia.

> 3 de agosto: Alemania declara la guerra a Francia y las tropas alemanas llegan a la Bélgica neutral.

> El Secretario de Relaciones Exteriores británico, Sir Edward Gray, envía un ultimátum a Alemania para que retire sus tropas de Bélgica.

4 de agosto: Alemania se niega a retirarse de Bélgica.

Gran Bretaña declara la guerra a Alemania.

23 de agosto: Japón, de acuerdo con una alianza firmada con Gran Bretaña en 1902, declara la guerra a Alemania.

Del 4 de agosto al 6 de septiembre: batalla de las fronteras.

Del 26 al 30 de agosto: batalla de Tannenberg.

Del 6 al 10 de septiembre: primera batalla de Marne.

19 de octubre: inicio de la Primera Batalla de Ypres.

29 de octubre: el Imperio otomano (la actual Turquía) entra en la guerra del lado de los Poderes Centrales y ayuda a Alemania en un bombardeo naval de Rusia.

2 de noviembre: Rusia declara la guerra al Imperio otomano

5 de noviembre: Gran Bretaña y Francia declaran la guerra al Imperio otomano.

22 de noviembre: fin de la Primera Batalla de Ypres.

Del 24 al 25 de diciembre: tregua de Navidad en el frente occidental.

1915

19 de febrero: inicio del bombardeo naval de los Dardanelos.

18 de marzo: fin del bombardeo naval de los Dardanelos.

22 de abril: inicio de la Segunda Batalla de Ypres.

25 de abril: inicio de la campaña de Gallipoli.

7 de mayo: el submarino alemán hunde el Lusitania.

23 de mayo: Italia se une a la guerra del lado de los aliados.

25 de mayo: fin de la Segunda Batalla de Ypres.

25 de septiembre: inicio de la batalla de Loos.

8 de octubre: fin de la batalla de Loos.

1916

9 de enero: fin de la campaña de Gallipoli.

21 de febrero: inicio de la batalla de Verdún.

31 de mayo al 1 de junio: batalla de Jutlandia.

> 4 de junio: la ofensiva rusa de junio, incluida la ofensiva Brusilov, se lanza en el frente oriental para coincidir con la batalla del Somme.

1 de julio: inicio de la batalla del Somme.

20 de septiembre: fin de la ofensiva rusa.

18 de noviembre: fin de la batalla del Somme.

18 de diciembre: fin de la batalla de Verdún.

1917

> 15 de marzo: el zar Nicolás se ve obligado a abdicar del trono ruso y termina con 304 años de gobierno de Romanov.

El zar Nicolás es sustituido por un gobierno provisional.

6 de abril: Estados Unidos de América se suma a la guerra.

Del 1 al 19 de julio: ofensiva rusa de julio (ofensiva de Kerensky) en el frente oriental.

Del 6 al 7 de noviembre: estalla la revolución en Rusia y el gobierno provisional es derrocado por los bolcheviques.

1918

3 de marzo: Rusia firma el Tratado de Brest-Litovsk con los poderes centrales, y la guerra termina en Rusia.

17 de julio: el zar Nicolás y su familia son asesinados en Ekaterimburgo.

8 de agosto: inicio de la ofensiva de los cien días.

11 de noviembre: la Primera Guerra Mundial termina oficialmente a las once horas del undécimo día del undécimo mes.

Referencias

Libros y artículos

Carroll, Andrew; Behind the Lines, Revealing and Uncensored Letters from our War-Torn World

Hart, Peter; Mud; Blood and Gas (BBC History Magazine, Julio 2017)

Taylor et al, History of World War 1

Sitios web

https://alphahistory.com/worldwar1/eastern-front/

http://www.bbc.co.uk/history/historic_figures/wilhelm_kaiser_ii.shtml

https://www.bbc.com/timelines/ztngxsg

https://www.britannica.com/event/Battle-of-Verdun

https://www.britannica.com/event/First-Battle-of-the-Somme

https://www.britannica.com/event/June-Offensive

https://www.firstworldwar.com/battles/bolimov.htm

https://www.firstworldwar.com/battles/frontiers.htm

https://www.firstworldwar.com/battles/index.htm

https://www.history.com/news/10-things-you-may-not-know-about-the-battle-of-verdun

https://www.history.com/this-day-in-history/heavy-casualties-suffered-in-the-battles-of-the-frontiers

https://www.history.com/topics/world-war-i/battle-of-the-somme

https://www.history.com/topics/world-war-i/battle-of-verdun

https://www.history.com/topics/world-war-i/kaiser-wilhelm-ii

https://www.historylearningsite.co.uk/world-war-one/battles-of-world-war-one/the-battle-of-verdun/

http://www.historynet.com/costliest-battles-and-campaigns-of-world-war-i.htm

https://www.historyonthenet.com/world-war-one-timeline/

https://www.ldoceonline.com/Military-topic/pillbox

https://www.iwm.org.uk/history/what-was-the-battle-of-the-somme

https://www.iwm.org.uk/history/what-was-the-battle-of-verdun

https://online.norwich.edu/academic-programs/masters/history/resources/articles/6-important-battles-of-world-war-i

http://www.richthofen.com/ww1sum2/

https://www.wereldoorlog1418.nl/battleverdun/

https://en.wikipedia.org/wiki/Battle_of_Verdun

www.ingramcontent.com/pod-product-compliance
Lightning Source LLC
LaVergne TN
LVHW090039080526
838202LV00046B/3879